AF451541

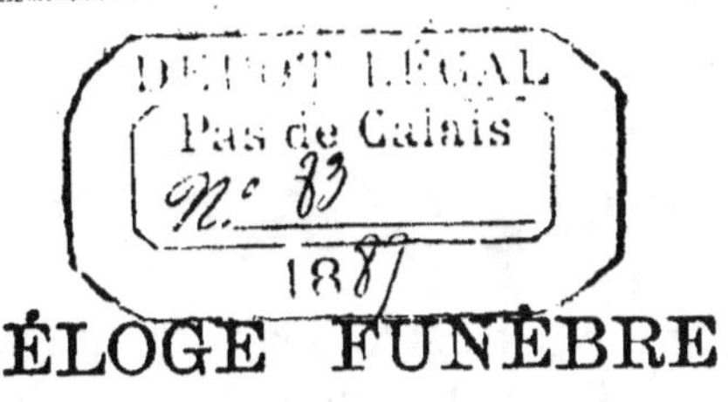
DÉPOT LÉGAL
Pas de Calais
N° 83
1887

ÉLOGE FUNÈBRE

DE

MONSIEUR JEAN-CHARLES-JOSEPH BACUEZ

Ancien Instituteur d'HERMIES

MEMBRE DU CONSEIL DE FABRIQUE
ET DE DIVERSES COMMISSIONS SCOLAIRES
OFFICIER D'ACADÉMIE
OFFICIER DE L'INSTRUCTION PUBLIQUE

Prononcé dans l'Église d'HERMIES

LE 17 MARS 1887

PAR M. L'Abbé HARDUIN

CURÉ DE LA PAROISSE

*Beati mortui qui in Domino moriuntur :
amodo jam dicit spiritus ut requiescant a labori-
bus suis ; opera enim illorum sequuntur illos.*

Bienheureux ceux qui meurent dans le Seigneur :
l'Esprit Saint leur prédit à l'avance le repos après
leurs travaux ; car leurs bonnes œuvres les suivent
devant Dieu.   (*Apoc.*, XIV, 13.)

MES BIEN CHERS FRÈRES,

Si la mort du pécheur est terrible, *mors peccato-
rum pessima*, parce que, surpris dans son péché, il
est traîné subitement au tribunal du Souverain Juge,
où il devra rendre un compte sévère d'une intermi-
nable série d'iniquités dont il n'aura point eu la volonté ou le temps de se repentir, il n'en est point
ainsi de la mort du juste, de l'homme de bien. La
mort, pour lui, ce n'est point l'appréhension d'un
jugement sans pitié, la crainte d'un supplice éternel ;

la mort, pour le juste, c'est la cessation de ses peines, de ses épreuves, de ses travaux, de ses efforts. Loin d'être un châtiment, c'est le repos ; c'est l'entrée d'une vie meilleure, où le suivent ses œuvres ; c'est le commencement du bonheur pur, sans mélange de tristesse ; d'un bonheur complet, auquel rien ne manque ; d'un bonheur sans fin pendant l'éternité.

Ces pensées me venaient naturellement à l'esprit, il y a deux jours, lorsque je recueillis le dernier soupir de M. Jean-Charles-Joseph Bacuez. La mort, qui, pour le plus grand nombre, fait sentir si terriblement son approche, lui fut douce, je pourrais dire bienveillante. Il s'était habitué à la considérer tous les jours et elle ne lui faisait point peur. Aussi, lorsqu'elle arriva, il parut lui sourire, comme à une sœur bien aimée qui venait le visiter. Et jusqu'au moment où l'on descendit ses restes inanimés dans le cercueil, dans cet hommage non interrompu de prières que vous êtes allés, presque tous, offrir pour lui, près de ce lit de parade où il vous a été donné de contempler une dernière fois ses traits, vous avez pu retrouver, sur son visage, le calme, la sérénité qu'on y lisait toujours et que la mort a voulu respecter.

Et pourquoi, M. T. C. F., Monsieur Jean-Charles-Joseph Bacuez a-t-il si peu redouté la mort? Parce que, depuis longtemps, il était prêt à mourir ; parce que, ayant toujours bien vécu, il n'appréhendait point de rendre compte d'une vie qui, loin d'être inutile ou coupable, fut, au contraire, une vie sainte et bien remplie.

Vous me permettrez, M. F., de m'arrêter quelques instants sur cette existence si belle qui vient de s'éteindre, et qui s'est passée, en grande partie, au milieu de vous et pour vous. Je m'efforcerai, du reste, d'être court, et je supprimerai nécessairement bien des détails, même des détails édifiants et instructifs ; car la saison rigoureuse me fait un devoir de ne point abuser de votre bienveillante attention.

Je considérerai M. Bacuez dans sa vie d'instituteur et dans sa retraite ; puis je dirai un mot sur ses derniers moments.

I. M. Bacuez, instituteur.

1. Ce qui frappe, au premier coup d'œil, dans l'existence de M. Bacuez, c'est qu'il fut un *instituteur constamment heureux*.

Depuis son entrée dans la carrière jusqu'à sa retraite, à Rouvroy, à Vimy, à Lens, à Hermies, tout lui réussit. Il voit partout les élèves affluer à son école ; il est entouré partout de l'estime universelle ; il recueille, à chaque instant, les témoignages les plus flatteurs de ses supérieurs hiérarchiques ; il moissonne les récompenses les plus belles et les plus enviées ; et l'on peut dire, sans crainte d'être démenti, que peu d'instituteurs ont obtenu un pareil succès. Je vais énumérer rapidement ces diverses récompenses.

Nombreuses lettres de félicitations de MM. les Inspecteurs, de MM. les Recteurs de Douai ;... des Comités supérieurs de Béthune et d'Arras ;... récompenses honorifiques du Comité supérieur d'Arras ; ... mention honorable du Conseil Royal, par arrêté du 4 mars 1843, sur la proposition du Conseil académique ;... médaille de bronze, par arrêté pris en

Conseil Royal, en 1845, sur la proposition du Conseil académique ;... médaille d'argent, par arrêté pris en Conseil Royal, en 1847-1848 et remise en 1851 par suite des évènements politiques ;... rappel de médaille d'argent, par arrêté du Conseil impérial de l'Instruction publique ;... médaille d'or ou prix de l'Empereur en 1866 ;... palmes d'officier d'académie, obtenues le 15 août 1867 ;... à l'exposition de 1877, à Arras, une médaille de vermeil, une médaille de bronze et une mention honorable ; puis, un diplôme d'honneur par la Société de tempérance ;... enfin, palmes d'officier de l'Instruction publique, obtenues le 15 octobre 1879.

Ces succès sont réellement remarquables, et j'avais raison d'affirmer que M. Bacuez fut un instituteur constamment heureux.

II. Disons de suite que, s'il fut constamment heureux, c'est qu'il fut constamment exemplaire ; il fut, dans toute la force du terme, un *instituteur modèle.*

Il avait une véritable vocation et des aptitudes remarquables pour l'enseignement et pour l'éducation de a jeunesse. Ses parents le destinaient d'abord au sacerdoce : il étudia même le latin jusqu'à quinze ans. Mais, ne se sentant pas appelé à cette sublime vocation, il quitta ses études avant d'entrer au séminaire, et revint aider ses parents dans la culture de leurs champs. Il avait même assez de goût pour ces sortes d'occupation. Toutefois, il ne tarda pas à donner une autre application à ses brillantes facultés. Comme il était le second de sept enfants et que son père, désireux de donner à ses enfants une belle instruction, n'aurait pu le faire facilement, bien que vivant dans une honnête aisance, sans s'imposer des sacrifices fort lourds, le jeune BACUEZ offrit d'entreprendre lui-même l'éducation de ses frères et sœurs. Il se mit à l'œuvre et obtint d'excellents résultats : il avait trouvé sa voie. Désormais, il va embrasser, avec une ardeur de jour en jour croissante, la mission d'éducateur de la jeunesse, qu'il regarda toute sa vie comme une sorte d'apostolat. Il commença par les enfants de son village. La commune de Rouvroy n'avait point d'école. Il sollicita l'autorisation de faire la classe dans sa propre maison. Il n'avait alors que dix-huit ans et n'avait point son brevet. Il obtint cependant l'autorisation demandée. Ses parents l'aidèrent à fournir le mobilier scolaire et il ouvrit son école. Il ne tarda pas à voir les élèves y affluer de tous les côtés, tant les progrès étaient rapides et la bonne direction appréciée des parents.

L'année suivante, le jeune maître se présenta pour l'examen du brevet, dans la ville d'Arras, et fut assez heureux pour réussir dès la première épreuve. Il ne s'en tint pas là cependant. Il voulut étendre le cercle de ses connaissances et développer davantage encore ses aptitudes pédagogiques, sous la direction de maîtres savants et expérimentés. Pendant deux ans, il allait, tous les quinze jours, à Douai, prendre des leçons particulières auprès de M. Tisserand, ancien directeur de l'école normale centrale de Paris, à qui M. l'inspecteur l'avait recommandé. Il devait faire, pour s'y rendre, un trajet de six lieues et il ne pouvait employer que sa demi-journée de congé. Pendant les vacances, il demeurait à Douai, et suivait, à l'école normale, le cours temporaire fait aux instituteurs communaux. La supériorité de son école fut bientôt remarquée : beaucoup d'élèves des communes voisines vinrent solliciter ses leçons et il dut même recevoir de nombreux pensionnaires. Les inspecteurs, qui l'avaient distingué de bonne heure, ne lui ménagèrent point leurs encouragements et leurs félicitations. A Rouvroy, à Vimy, à Lens, à Hermies, ils le trouvent partout un instituteur modèle : modèle pour le zèle à remplir ses fonctions ; modèle pour son exactitude et sa régularité ; modèle pour le choix des auteurs et la méthode de son enseignement ; modèle pour le dévouement qu'il montrait à ses élèves ; modèle pour la surveillance intelligente et délicate qu'il savait exercer sur eux ; modèle par l'autorité forte, et cependant paternelle, avec laquelle il les dirigeait ; modèle surtout par sa bonne conduite, se souvenant toujours que la vie du maître est le premier livre de ses élèves et qu'ils retiendront toujours mieux ses exemples que ses leçons. Il estimait que l'instituteur n'a pas tout fait lorsqu'il a développé l'intelligence et la science des enfants de son école, mais qu'il doit encore être pour eux un guide, et leur montrer, de sa personne, le chemin dans l'accomplissement du devoir. Le voilà bien, mes frères, tel que vous l'avez connu à Hermies, pendant vingt-quatre ans, dans l'exercice de ses fonctions.

Qui dira les difficultés qu'il rencontra dès son arrivée ? Il n'avait pour école qu'une masure ! et les enfants y étaient singulièrement arriérés, surtout que sept instituteurs venaient de passer successivement, et, comme en courant, par Hermies, sans s'y fixer jamais. Qui dira le bien qu'il y a fait, et pour l'esprit et pour le cœur des nombreux en-

fants confiés à son zèle ! surtout pendant les années
si prospères·pour les écoles d'Hermies, où le frère,
pour les garçons, et la sœur, pour l'école des filles,
prodiguaient, avec les mêmes méthodes, avec les
mêmes aptitudes remarquables, avec les mêmes
aperçus supérieurs, avec la même science et le même
dévouement, tout ce que le bon Dieu leur avait si
largement départi, à l'un comme à l'autre, de sagesse, de bon sens, d'énergie et de cœur ! Oui, mes
frères, et les moins bienveillants eux-mêmes doivent
le reconnaître, c'est lui qui a relevé l'école d'Hermies. C'est M. Bacuez qui a fait la réputation de
notre école, réputation enviable que le zèle, l'intelligence, la bonne volonté et le dévouement de ses
successeurs (nous sommes heureux de leur rendre
ce témoignage), ont su maintenir si brillante.

III. Si M. Bacuez a été constamment un instituteur heureux, s'il a été constamment un instituteur
modèle, c'est qu'il s'est montré constamment un
instituteur chrétien.

Il eut le bonheur d'être bercé sur les genoux d'une
mère pieuse et instruite, qui lui apprit, dès sa plus
tendre enfance, à connaître Dieu, à l'aimer, à le ser-
vir. Son père, lui aussi, était un homme d'une foi
robuste et éclairée, qui ne rougissait pas de s'age-
nouiller, en présence de ses enfants, pour la prière.
A cette école, le jeune Bacuez apprit facilement ce
qu'il devait à son Dieu : il conserva toute sa vie ces
saintes leçons du foyer paternel, et il continua la tra-
dition des bons exemples, héréditaires dans sa famille. Mes frères, je ne vous redirai point longue-
ment les vertus chrétiennes qu'il a pratiquées. Vous

les connaissez mieux que moi ; car vous l'avez vu à l'œuvre plus longtemps. Mais, voici un détail qui mérite d'être recueilli ; il vous fera pénétrer jusqu'au plus intime de cette âme éminemment chrétienne. Dans une note écrite de sa main le 16 mars 1886, un an presque jour pour jour, avant sa mort, à la prière de son épouse bien aimée, pour l'édification de son fils chéri, après avoir énuméré, avec une complaisance bien légitime, ses longs et nombreux succès, le cher défunt dit, en propres termes : « Pendant mes quarante quatre années passées dans l'enseignement, j'ai fait recevoir dans diverses administrations plus de 100 élèves : un grand nombre d'instituteurs, d'employés dans les contributions indirectes, dans les postes, etc., sans compter une foule d'autres que j'ai préparés à entrer dans d'autres établissements voués à l'enseignement. Ce qui a contribué au progrès de mes élèves ne doit pas être attribué à mon mérite personnel ; je l'attribue particulièrement à la grande confiance que j'ai toujours eue en la sainte Providence. Je n'en veux donner pour exemple que ceci : D'abord, chaque mois, je communiais avec tous mes élèves qui avaient fait leur première communion, et je demandais à Dieu de répandre ses bénédictions sur mes travaux. Ensuite, si certains de mes élèves se préparaient à subir leur examen, ils s'adressaient à Dieu par la prière, et, presque toujours, faisaient la sainte communion. Cette confiance dans la Providence ne m'a jamais manqué ; c'est à elle que je dois mes succès. » Paroles admirables, mes frères, que je voudrais graver dans tous les cœurs et faire entendre à tous les instituteurs qui s'honorent encore du titre de chrétiens !

II. M. Bacuez dans sa rétraite.

Lorsque vint, pour ce vétéran de l'enseignement, l'heure de la retraite, il dut lui en coûter beaucoup de renoncer aux habitudes de toute sa vie et de dire adieu à ces élèves qu'il chérissait si tendrement. Il eut, du moins, la consolation de laisser son école entre les mains de l'un de ses adjoints qu'il avait le plus aimé et qu'il savait le plus apte à lui succéder. D'ailleurs, il ne resta pas tout à fait étranger à l'enseignement. La confiance de l'administration supérieure sut lui maintenir, dans les diverses commissions qui s'occupent de l'enseignement primaire, la place d'honneur que sa parfaite compétence et ses longs services lui avaient si bien méritée.

Je n'ai pas le temps d'examiner ce qu'a été M. Bacuez comme greffier de la commune d'Hermies, comme géomètre-arpenteur, comme receveur de la Caisse d'épargne. Je dirai seulement qu'on le retrouve là ce qu'il a été partout : homme de dévouement, homme de conscience et de devoir.

Je n'ai pas le droit d'omettre que, dans les dernières années, M. Bacuez avait été choisi pour faire partie du Conseil de fabrique. Il y apporta une grande bonne volonté, une parfaite exactitude, une haute intelligence, et des connaissances pratiques très-appréciées. On peut dire que, dans ce Conseil de fabrique, où l'on a si bien à cœur les vrais intérêts de l'Église, personne ne l'a surpassé en sagesse et en dévouement, dans des circonstances plus d'une fois délicates et difficiles.

Nous sommes entrés maintenant dans une période nouvelle de la vie de M. BACUEZ : elle fait un surprenant contraste avec ce qui a été dit tout à l'heure. Jusqu'ici tout avait paru lui sourire. Dans le chemin de la vie, il n'avait point connu d'épines ; il n'avait cueilli que des roses. Mais, voici que tout change d'aspect pour lui. Après les éloges, le voilà en butte à la critique ; après les hommages, la contradiction ; après les témoignages d'estime et de reconnaissance, la calomnie, l'ingratitude, les mauvais procédés, poussés parfois jusqu'à l'insulte grossière. Je regrette d'avoir à le constater, car j'ai à cœur de ne prononcer aucune parole blessante ; je ne voudrais point raviver des passions d'ailleurs éteintes ; mais l'histoire est l'histoire ; la vérité a ses droits. Je suis bien obligé de reconnaître, avec l'opinion publique un instant égarée, mais revenue à des sentiments plus équitables, que M. BACUEZ ne méritait pas ce que la méchanceté lui a fait souffrir.

On ne peut se le dissimuler : il n'était point préparé pour ces peines ; elles le frappèrent en pleine poitrine et lui laissèrent au cœur une blessure qui ne se cicatrisa jamais. Lui si bon, si généreux, si bienveillant, si équitable, lui qui avait rendu tant de services et ne sut jamais en refuser aucun, ne put se faire à cette idée : qu'on mettait en doute ses intentions, sa droiture, qu'on osait nier le bien qu'il avait fait. Il souffrit ; il souffrit plus qu'on ne saurait jamais redire. Je puis affirmer, toutefois, que, si la nature fut un instant troublée, depuis bien longtemps, le chrétien avait tout pardonné, et j'ai le droit de l'attester, moi qui, dans ces années d'épreuves, ai lu si souvent dans son cœur !

D'ailleurs, même dans ces moments douloureux, pendant que Dieu le tenait si longtemps sur son Golgotha, sans doute pour lui ménager un plus glorieux Thabor, il ne fut point complètement délaissé ; et la Providence, qui ne l'abandonna jamais, lui avait préparé, à côté de l'épreuve, de bien grandes consolations.

Si le cercle de ses amis parut se resserrer, l'affection des cœurs restés fidèles grandit avec l'épreuve, et l'on pourrait citer plus d'une âme noble et généreuse qui ne lui a jamais témoigné plus de confiance, plus d'affectueuse sympathie que depuis le jour où le malheur était venu le visiter.

D'ailleurs, à ses côtés, prirent successivement place deux êtres bien chers, qui contribuaient à ramener la joie à son foyer un instant désolé par le chagrin. Depuis quelques années, une épouse affectueuse, prévenante, dévouée, veillait, avec des soins admirables, sur sa santé déjà sensiblement atteinte et savait chasser les préoccupations, les souvenirs importuns, et charmer les longues heures de l'ennui.

Et puis, sans doute pour le récompenser de tous les soins qu'il avait prodigués avec tant de dévouement, avec tant d'amour, aux enfants des autres, Dieu lui accorda les joies de la paternité à un âge où peu d'hommes ont le droit d'espérer encore ce bonheur. Comment vous dire, mes chers frères, ce qu'a mis de joie, au cœur du père, la naissance de ce fils de sa vieillesse, en qui il aimait à se sentir revivre et chez qui, nous aussi, nous espérons voir refleurir un jour l'intelligence et les vertus paternelles ?

Je me hâte : aussi bien, ces joies si douces de la famille devaient durer trop peu. Dieu, sans doute pour sanctifier encore davantage cette âme déjà si pure, et pour lui permettre d'augmenter encore ses mérites, après les souffrances du cœur, lui réservait les douleurs d'une longue et pénible maladie. Certes, rien ne fut négligé, ni les soins éclairés de la science, ni les attentions délicates du plus affectueux dévouement. Et si le mal eût été de ceux que l'on guérit, il n'eût point été rebelle à tant d'activité, à tant d'amour. Mais il était de ceux qui ne pardonnent pas. Il faisait des progrès de jour en jour plus alarmants. Il n'y avait plus à en douter : la mort s'approchait. Je vous l'ai dit au commencement, le malade ne s'épouvanta pas de son approche. Il aimait à répéter souvent : je suis prêt. Il ajoutait bien : je resterais encore volontiers quelques années pour ma femme, et pour mon fils, si Dieu le voulait. Puis, il reprenait avec un sourire : Ce que Dieu veut... ce que Dieu veut... que sa volonté soit faite ! Et pendant qu'on restait à ses côtés, il ne se départait pas un instant de son calme, et même d'une certaine gaîté qui ne l'abandonna pas jusqu'à la fin. Puis, lorsqu'on était parti, il reprenait sa prière, qui n'était presque jamais interrompue, dans les dernières semaines de sa vie. Son âme n'était plus déjà de la terre que par intervalles ; elle conversait ordinairement avec le ciel. Il va sans dire qu'il demanda de lui-même, et longtemps à l'avance, les derniers sacrements, qu'il reçut avec une grande piété. Ces jours derniers, ayant comme un pressentiment secret d'une catastrophe prochaine, il voulut encore se confesser. Du reste, il veillait avec tant de soin sur tout ce qui aurait pu être une faute légère, il souffrait avec une si admirable résignation, il priait si bien, qu'il a dû atteindre, dans ses derniers mois, à un degré bien avancé de perfection !

III. Derniers moments de M. Bacuez.

Mardi matin, il venait de prendre de l'eau bénite et de commencer sa prière. Se sentant plus faible, il la faisait sur son lit. Il avait récité une dernière fois le *Pater*, cette prière si belle qu'il avait tant de fois redite avec ces nombreux enfants auxquels il apprenait à prier Dieu ; et, selon son habitude, il s'était arrêté un peu plus longtemps à cette demande sur laquelle il aimait à s'appesantir davantage : *Fiat voluntas tua :* Que votre volonté soit faite ; il venait dé réitérer une dernière fois l'offrande de son sacrifice. Il avait récité aussi l'*Ave Maria* qu'il répétait si fréquemment tous les jours de sa maladie, en égrenant son chapelet ; il avait commencé la récitation du *Credo*, de ce symbole sublime de cette foi à laquelle il avait été si fortement et si constamment attaché, de cette foi pour laquelle il aurait consenti à verser son sang. Il ne put le réciter jusqu'au bout. On s'aperçut soudain qu'il paraissait sommeiller ; ses yeux s'appesantissaient ; son regard fixe se voilait. On accourut me chercher. Je venais de terminer la sainte messe, où j'avais prié spécialement pour lui. J'accourus en toute hâte, auprès du cher malade. Il respirait encore : je lui donnai une dernière absolution ; je lui appliquai l'indulgence *in articulo mortis..* J'allais commencer les prières de l'agonie, je n'en eus point le temps, il n'eut point d'agonie. Il fit seulement quelques soupirs et son âme s'envola. Elle s'envola sans doute auprès de Dieu, pour achever au ciel la prière qu'elle n'avait pu que commencer sur la terre !

Et maintenant, il nous a quittés ; il ne nous reste plus de lui que ce que nous allons tout à l'heure conduire tristement au cimetière. Son départ laisse un grand vide ; oui, mes frères, et l'on ne tardera pas à s'en apercevoir, la mort vient de faire un grand vide parmi nous. Il n'est plus là, pour tant de malheureux, celui qui a été si souvent pour eux l'économe de la Providence ; il n'est plus là pour tant d'âmes en peine, celui qui a été si souvent leur consolateur et leur conseiller toujours bienveillant, toujours sûr, toujours désintéressé ! Surtout, il n'est plus là pour l'exemple. Comment pourrais-je oublier qu'il était une force par l'énergie de ses convictions, par les vertus dont il a été pour tous le modèle? De nos jours, mes frères, on ne remplace pas facilement, dans une paroisse, un pareil chrétien. Il n'est plus là ! voilà pourquoi vous le pleurez, avec une touchante unanimité, qui vous honore tous, autant qu'elle l'honore lui-même ! Il n'est plus là ! voilà pourquoi son départ laisse sa veuve et son enfant inconsolables ! Quel trésor ils viennent de perdre en le perdant ! Il n'est plus là : voilà pourquoi je pleure avec vous ; voilà pourquoi je mêle mes larmes à vos larmes et mes sanglots à vos sanglots. Ces larmes, mes frères, elles sont méritées. Qui oserait nous les reprocher ? L'Eglise ne nous les défend pas. Elle n'étouffe pas les sentiments de la nature : elle les modère, les dirige et les sanctifie. Il est vrai que l'Ecriture-Sainte dit : « Ne

pleurez pas » ; mais elle ajoute immédiatement :
« Ne pleurez pas comme ceux qui n'ont pas l'espérance ». Pleurez donc, mes frères, le cher défunt,
vous en avez le droit ; mais, gardez l'espérance, et
c'est par là que je veux finir.

Il venait de rendre le dernier soupir. Son jeune
enfant ne tarde pas à remarquer qu'il se passe
quelque chose d'extraordinaire dans la maison. Il
s'approche de sa mère en larmes : « Maman, lui
dit-il, où est donc papa ? » Et la mère chrétienne lui
répond : « Papa, il est allé au ciel, prier avec le bon
Dieu, en Paradis ; on est bien avec le bon Dieu ». Et
l'enfant répond : « Il est parti sans moi, je ne suis
pas content. Est-ce qu'il reviendra, papa ? » —
« Non, dit la mère, en redoublant ses larmes ; il ne
reviendra pas, mais nous irons bientôt le revoir. »
Mes frères, toute l'espérance chrétienne est là : à
ceux qui nous quittent, nous ne disons pas un éternel adieu, mais au revoir ! L'on se revoit, l'on se
retrouve au ciel. La vraie famille n'est pas sur la
terre. Et, quand un fils a retrouvé son père au ciel,
quand l'épouse y rejoint son époux, quand Dieu a
reconstitué au complet la famille auprès de lui, alors
seulement, la vraie famille existe et elle existe pour
toujours. Et rien ne viendra plus jamais renouveler,
pour elle, ni les inquiétudes, ni l'épreuve, ni la sépa-
tion. Elle aura définitivement trouvé le bonheur et la
paix dans l'amour, dans un amour immense et sans
fin qui s'alimente à la source intarissable de l'amour
divin.

Pensons souvent, mes frères, à ce rendez-vous des
cœurs aimants au ciel. Vivons de manière à mériter
d'y retrouver tous ceux que nous aurons aimés, de

les y retrouver pour toujours. Mais, n'oublions pas qu'on n'arrive point au ciel sans suivre le chemin qui seul peut y conduire, le chemin de l'honneur, le chemin de la vertu, le chemin des pratiques religieuses, le chemin de l'obéissance aux commandements. Dans cette marche vers le ciel, nous pouvons prendre pour guide le cher défunt que nous pleurons. Pensez souvent à lui, pour faire comme lui, vous qui avez eu si longtemps devant vos yeux ses exemples; pensez souvent à lui et faites ce qu'il vous a si bien recommandé, vous surtout qui avez tant de fois entendu ses leçons et ses conseils. Et, de la sorte, il ne sera pas mort tout entier : sa vie et sa mort resteront pour nous un enseignement, et jusque du fond de son tombeau, une voix sortira qui nous redira : « Faites comme moi, si vous voulez un jour me retrouver au ciel ! »

A. S.

Arras. — Imp. du Pas-de-Calais. P.-M. Laroche, directeur.